Brüggen

Bilder aus vergangenen Tagen

Zusammenstellung und Text
von Werner Sührig

Geiger-Verlag, Horb am Neckar

Wappen der Gemeinde Brüggen

Beschreibung:
Auf Gold eine einbogige, rote Steinbrücke über blausilber gewelltem Schildfuß. Aus der Brücke wachsend ein schwarzer, rotbewehrter Adler (mittelalterlicher Reichsadler) mit gespreizten Schwingen.

ISBN 3-89264-993-6

Alle Rechte bei
Geiger-Verlag, 72160 Horb am Neckar
1. Auflage 1994
GD 1974 10 4 A
Layout: Heinz Mathis
Gesamtherstellung: Geigerdruck GmbH, 72160 Horb am Neckar

Gedruckt auf 100% chlorfrei gebleichtem Papier.

Vorwort

„Vergangenes zu bewahren" ist der Grundgedanke dieses Buches, den sich Werner Sührig zu eigen machte, als er begann, historisches Bild- und Textmaterial anläßlich der 1050-Jahr-Feier 1987 aufzuarbeiten.

Mit diesem Bildband wird nun das „alte Brüggen" für unsere älteren Mitbürgerinnen und Mitbürger wieder erlebbar. Erinnerungen an schöne Stunden im Leben werden wach, wenn die Bilder im Wandel der Zeit betrachtet werden.

Wie schnell ist doch die Zeit vergangen. Aber auch für die Jüngeren enthält dieses Büchlein interessante Einblicke in die Welt ihrer Vorfahren.

Wir sind überzeugt, daß die „Bilder aus vergangenen Tagen" Freude bereiten werden.

Karl-Heinz Paland
Bürgermeister

Kurt Harms
Gemeindedirektor

Zu diesem Buch

Heimat, in der wir verwurzelt sind, ist zu allererst der Ort, in dem wir Kindheit und Jugend erlebt haben. Aus diesem Erleben mit Erinnerungen an schöne Stunden erschließt sich uns unsere Heimat ganz. Die Geschichte eines Dorfes ist aber immer auch die Geschichte seiner Bewohner. Dazu gehören Bilder, denn Bilder sind gleichsam Quellen – Quellen, aus denen uns Vergangenes entgegensprudelt. Bilder sind auch Zeugen großer und kleiner Ereignisse, die Menschen mit ihren Sorgen und Mühen, aber auch ihre Hoffnung und Freude betreffen. Es wäre zu schade gewesen, die vielen Fotos, die anläßlich der 1050-Jahr-Feier 1987 gesammelt wurden, lediglich im Archiv zu verwahren. Durch die Veröffentlichung in diesem Band ,,Brüggen – Bilder aus vergangenen Tagen" kommen sie nun allen zugute. Viele Brüggenerinnen und Brüggener haben mir durch Rat und Hinweise geholfen. Allen sei herzlich gedankt. Besonderen Dank sage ich dem Gronauer Stadtarchiv für die Fotos aus der Breiner-Sammlung.

So wäre noch zu wünschen, daß auch dieser Band bei allen, bei jung und alt, eine gute Aufnahme und viele aufmerksame Betrachter findet.

Besonders aber soll dieses Bilderbuch denen, die in der Fremde eine neue Heimat fanden, eine Erinnerung sein an ihre alte Heimat, mit der sie immer treu verbunden bleiben mögen.

Werner Sührig

Aus der über 1000jährigen Geschichte . . .

936 König Otto erteilt kurz vor Weihnachten in Brüggen die Erlaubnis, in der Stadt Utrecht eine Münze anzulegen.

937 Der Königshof Brüggen wird urkundlich bezeugt.

954 König Otto I. erreichen in Brüggen die Alarmnachrichten über das Vordringen der ungarischen Reiterscharen.

955 König Otto I. unterschreibt am 10. Januar in Brüggen die Urkunde, durch die er die Gründung des Klosters Fischbeck bewilligt.

961 König Otto I. beurkundet am 7. Juni in Brüggen dem Bischof Landward von Minden die überlieferten Bistumsrechte.

965 Durch eine in Brüggen ausgestellte Urkunde verleiht Otto I. den Brüdern der Moritzkirche zu Magdeburg das Münzrecht und den Marktzoll zu Gittelde am Harz.

997 Am 19. April schenkt Kaiser Otto III. das Königsgut Brüggen dem Kloster Essen an der Ruhr. Zu Brüggen gehören:
Hemmendorf, Lehde und Banteln (ca. 15 000 Hannoversche Morgen).

1039 Eine Urkunde besagt, daß die Gandersheimer Äbtissin Adelheid Brüggen für das Kloster von Kaiser Heinrich III. erhalten hat.

1043 Kaiser Heinrich III. nennt Brüggen „das Lager seines Verweilens".

1180 Familie von Steinberg in Brüggen nachgewiesen.

1207 In einer päpstlichen Urkunde wird bezeugt, daß eine Burg in Brüggen existiert.

1220 Zum ersten Male wird die Ortskirche in Brüggen erwähnt.

1272 Das Wappen der Familie von Steinberg ist erstmalig nachweisbar.

1315 Durch die Gebrüder von Steinberg wird die Brüggener Burg neu gebaut.

1325 Eine Burg auf dem Oberg wird zum letzten Mal erwähnt.

1431 Die Brüggener Ortskirche wird am 29. Juli abermals erwähnt.

1468 Inhaber der adligen Mühle ist am 13. Oktober Cord Brodesende.

1478 Die älteste Dorffamilie ist die Familie Plate. Sie wird am 16. Oktober erstmalig erwähnt.

1489 Eine Urkunde besagt, daß am 1. Januar in Brüggen 16 Kothöfe vorhanden waren. Genannt werden auch: das Hainholz, der Weinberg, der Gosebüh und eine Taverne.

1505 Der alte Holzbau der Kirche – an der Stelle des heutigen Altars gelegen – weicht einem größeren Steinbau.

1515 Conrad von Steinberg errichtet eine neue Burg in der Nähe des jetzigen Schlosses.

1529 Ein Todocus von Steinberg nimmt an den Reichstagen zu Speyer teil.

1542 Die Gemeinde Brüggen und das ganze Herzogtum Braunschweig-Wolfenbüttel wird der luth. Kirche zugeführt.

1622 Curd von Steinberg wird am 29. Mai aus 34 Wunden blutend tot in seinem Schlosse aufgefunden. 15 Räuber hatten das Schloß überfallen, 14 davon werden später gefaßt, gerädert und hingerichtet.

1624 Von 1624–1626 wütet die Pest furchtbar in der Gegend um Brüggen und fordert ungezählte Opfer.

1625 Brüggen wird von Tillys Truppen furchtbar geplündert.

1644 Johannes Hurlbusch wird zum ersten Mal als Küster und Schulmeister erwähnt.

1645 Von 60 Höfen liegen 9 ganz wüst, von 9 anderen ist nur der Garten bebaut, von 3 weiteren wird das Haus bewohnt (von Fremden). Das Elend des 30jährigen Krieges wird sichtbar.

1688 Die Gemeinde Brüggen beginnt mit dem Wiederaufbau der zerfallenen Kirche.
1693 Durch Friedrich II. von Steinberg-Brüggen wird das jetzige Schloß erbaut.
1695 Seit diesem Jahr werden unter den alten Handwerksfamilien Brüggens die Wendt's genannt.
1789 Gewaltiges Unwetter mit Hagelschlag, Ernte vernichtet.
1792 Großes Viehsterben in umliegenden Orten, in Brüggen stellen die Bauern an den Dorfeingängen Tag und Nacht Wachen auf. Der Bürgermeister von Gronau wird verprügelt, als er durch die Wachen wollte. Die Seuche wird von Brüggen abgewendet.
1799 Preußens Königin Luise nimmt in Brüggen auf einer Reise nach Kassel einen Pferdewechsel vor.
1832 In Brüggen herrscht das „kalte Fieber".
1833 Der heiße und trockene Sommer hat abermals dem Hafer, den Bohnen und dem Graswuchs großen Schaden zugefügt.
1837 Vom 5. bis 10. April liegt bei 10 Grad Kälte der Schnee so hoch, daß er auf den Straßen durchstoßen werden muß.
1846 Ein heißer Sommer. Das Thermometer zeigt am 5. August 36 Grad in der Sonne und 26 Grad im Schatten.
Unter Pastor Karl Samuel wird das jetzige Pfarrhaus erbaut.
Ausbesserung der Kirche und des Turmknopfes (20. September).
1847 Das Gut und die Gemeinde spenden den Dorfarmen $16 \tfrac{5}{6}$ Himpten Roggen, $17 \tfrac{2}{3}$ Himpten Gerste und $2 \tfrac{2}{3}$ Taler bares Geld.
1852 Am 1. Juli wird der Posthof aufgelöst.
1857 Die Kirchenorgel wird gründlich repariert.
Am 29. Juni verursacht ein Hagelunwetter schweren Schaden.
Die Leinebrücke wird von 1857 bis 1858 für 9000 Taler neu gebaut.

1861 Am 30. Juni/1. Juli vernichtet eine Überschwemmung alles Gras und Heu.
1868 Ernst von Steinberg schenkt Brüggen die jetzige Turmuhr.
Ernst Georg Karl von Steinberg wird ins preußische Herrenhaus gerufen.
1890 Der Maurermeister L. Lichtenberg aus Gronau wird mit dem Bau der Molkerei in Brüggen beauftragt (am 29. April). Am 1. Oktober wird die Molkerei eröffnet.
1893 Es gibt noch die „Cholerabaracke". Im Garten von Hofbesitzer Heimberg blüht ein Rosenhochstamm mit 265 Blüten.
1904 Für die Ortskirche wird eine neue Orgel beschafft.
1911 Der Sommer ist ungewöhnlich heiß, die Bäche trocknen aus, die Leine wird recht klein, das Gras verdorrt. Mitte August ist die Ernte bereits beendet.
Am 26. Juli ertrinkt ein 13jähriger Junge beim Baden am Wehr in der Leine.
Ernst von Steinberg stirbt als letzter seines Namens.
1919 Im Ersten Weltkrieg sind 47 Personen aus Brüggen gefallen bzw. vermißt.
1927 Pastor Karl Greiffenhagen gibt sein Werk „Die Geschichte des Dorfes und Schlosses Brüggen a. d. L." heraus. Das Buch wird bei der Buch-

druckerei Giebel & Oehlschlägel, Osterode a. H., gedruckt.

1936 Der Kleinkaliberschießstand der Kriegerkameradschaft Brüggen wird am 13. September eingeweiht. Der Schießstand liegt südlich des Oberges.

1937 Vom 12. bis 16. Juni 1937 findet eine glanzvolle 1000-Jahr-Feier mit Festspiel, Umzug und Königsschießen statt.
Brüggener Heimatlied, Text: Wilh. Schünemann, vertont von H. Rese.

1942 Die Schule muß Heilkräuter (Hagebutten, Kamillenblüten, Schafgarbe, Brombeerblätter, Waldmeister, Spitzwegerich, Odermenning und Brennesseln sammeln.
114 Schüler der Jahrgänge 1–8 besuchen die Brüggener Schule.

Gasthof Simmerling. Heute: Deutsches Haus.

1945 Im Februar müssen die Schulkinder Holz zur Beheizung der Schule sammeln.
Am 7. April besetzen amerikanische Soldaten der 9. Armee Brüggen.
Am 21. August wird der Sozialdemokrat Karl Schwerdtfeger von den Amerikanern als kommissarischer Bürgermeister eingesetzt.

1953 Der Rat erteilt den Auftrag zur Wasserbohrung in der Holzer Schleie. Kosten der Bohrung = 10 000 DM.
Im Oktober beschließt der Rat die Bohrung bis in 100 m Tiefe, falls kein Wasser gefunden wird.

1955 Katasterfläche der Gemeinde: 1219 ha, davon landwirtschaftliche Nutzfläche 691,21 ha (darunter in Prozent 73,4 Ackerland, 20,1 Dauergrünland und 6,5 Gartenland, Obstanlagen, Baumschulen.

1964 Im Mai 1964 wird ein Wasserhochbehälter mit 300 cbm Fassungsvermögen gebaut.

1965 Am 1. Januar schließt die Molkerei ihre Türen nach Fusion mit der Milchzentrale Limmer zum 1. Juli 1964.
Im März wird ein Beschluß zur Bildung der Samtgemeinde Brüggen gefaßt.

1974 Seit 1. März gehört Brüggen zur Samtgemeinde Gronau (Leine).

1975 Seit dem 31. Juli hat Brüggen keine Schule mehr.

1978 Beginn der Kanalisationsarbeiten für Schmutz- und Regenwasser.

1980 Inbetriebnahme der Kanalisation.
Baukosten: 1,8 Mio. DM.

1984 Die Drei-Gewölbe-Brücke wird umgebaut.

1985 Das Stellwerk des ehemaligen Bahnhofs Brüggen wird abgerissen. Es wird auf vollautomatischen Schrankenbetrieb umgestellt.
Am 19. März filmt das französische Fernsehen in Brüggen. Thema: Gefangene Franzosen während des Zweiten Weltkrieges in Brüggen, Aufnahme, Behandlung durch Bevölkerung usw.

1987 1050-Jahr-Feier vom 12.–14. Juni 1987.

Alte Ansichten

Luftaufnahme aus den 50er Jahren. Erst wenige Häuser stehen im Neubaugebiet am Wasserkamp/Kirschweg.

Luftaufnahme aus den 50er Jahren. Die Molkerei produziert auf Hochtouren. Die landwirtschaftlichen Höfe Lippelt, Niebuhr/Plock, Schade/Kreipe, Schaper-Bruns und Mensing/Gottschalk sind voller Leben. Die Mensingsche Scheune (am Bildrand oben rechts) brennt im September 1959 ab.

Eine Ansichtskarte von der Jahrhundertwende. Links oben die Abbildung der Gastwirtschaft von Hermann Wegener (dann Schwenn, Liedtke, Schlüter, Zydat, jetzt Gaststätte „Zur Post", Inh. D. Hoffmann).

Blick vom Kranzberg auf Brüggen nach Westen. (Foto entstand vor dem Zweiten Weltkrieg.)

Eine Aufnahme des Fotografen Breiner, Gronau um 1900, im Vordergrund die Leine.

Der Brüggener Wasserfall, ebenfalls eine alte Aufnahme von Breiner.

Eine Bootspartie mit Kaiserfahne am Heck. H. Büsse Nachf. (Ludwig Schaper) vertrieb diese Ansichtskarte seit den 20er Jahren.

Winter an der Leine, ein Foto von A. E. Tolle, 50er Jahre. ▷

*Blick in die Kirchstraße, damals „Faule Beeke", mit blühenden Obstbäumen vor der Gastwirtschaft Kettler.
Der Platesche Schafstall ist noch nicht errichtet.*

Am Mühlengraben im Winter, ebenfalls ein Foto von A. E. Tolle aus den 50er Jahren.

▷

Gastwirtschaft Wilhelm Schwenn (heute „Zur Post") um 1910.

Straßen und Häuser

Haus Tölke (Wiegand), vor dem Ersten Weltkrieg, am Wasserkamp.

Die Post war lange Jahre im Wohngebäude der ehemaligen Gastwirtschaft Wilh. Schwenn. Es ist das Haus, in dessen Vorgarten die Birke steht. Das Foto entstand Ende der 50er Jahre.

Wassermühle und Schloß um 1900. Noch heute wird durch die Wasserkraft der Leine Strom erzeugt.

Haus Hasse, Hoher Weg, um 1900.

Das Haus der landwirtschaftlichen Mitarbeiterinnen und Mitarbeiter des Gutes am Brinke; Gutsherr bis 1911 war Graf von Steinberg, dann Baron von Cramm.

Blick durch den Torbogen auf das Schloß (Ostseite).

Blick vom Schloß auf das Torhaus mit Turm. Im Hintergrund ist der Hörzen zu erkennen.

Marktstraße mit schönen Fachwerkhäusern.

In der Gartenstraße ist die Familie Karl Mumme beim Hacken von Anmacheholz. Die Aufnahme entstand vor dem Ersten Weltkrieg. Korbmacher Nolte schaut aus dem Fenster.

Das Haus mit Stallanbau von Hermann Lindenberg in der Lange Straße, ca. 1950.

Das Rentmeisterhaus des Gutes um 1900. Die Damen stehen im Hof.

Das Haus von Tischlermeister Friedrich Tönnies während der 1000-Jahr-Feier 1937, jetzt Friseur Scheel.

Landwirtschaft

Brüggen vor dem Ersten Weltkrieg.
Nördlich des Dorfes und der Burgmauer sind Hunderte von Kornstiegen zu sehen.

In Brüggen gehörten zu einer Stiege immer 18 Garben, die wie folgt aufgestellt wurden:

August Tegtmeier mit einem eisenbereiften Trecker, Anfang der 20er Jahre.

Gespannführer Heinrich Helmker, Hof Niebuhr, Anfang der 50er Jahre.

Die Schafherde des Hofes Plate in den 50er Jahren am Leeplatz.

Auf dem Hof Niebuhr/Plock wird um 1951 der Erntekranz eingefahren.

Eine seltene Aufnahme! Aus luftiger Höhe (Telegrafenmast?) wird der Erntewagen des Hofes Plate fotografiert. (Anfang der 50er Jahre.)

Günter Baumgart mäht und drischt im Heekenbeek.

Landwirtschaftliche Arbeiter des Gutes von Cramm (Plattdeutsch: von'n Ellmannshowwe), von links: Heinrich Schwarze, August Keunecke, Johann Scholz, Heinrich Büttner, Heinrich Schwarze jr., Heinrich Rinne, Fritz Hintz.

Alle Bilder wurden auf dem Hof von Heinrich Klingebiel (später Schade und Kreipe) Ende der 20er Jahre aufgenommen, in einer Zeit, in der menschliche und tierische Arbeitskraft in der Landwirtschaft noch sehr gefragt waren.

Im Hof von Karl Kranz um 1900.

Handwerk und Gewerbe

Schneidermeisterin Johanne Sührig mit Lehrmädchen in den 20er Jahren.

Karl und Albert Röbbel, im Nebenberuf Leinefischer.

August Lönnecker (Mitte) hat gemeinsam mit Jagdfreunden 8 Füchse erlegt.

Die Transmission in der Molkerei Brüggen. Die Molkerei, die seit 1890 bestand, schloß zum 1. Januar 1965.

Blick in die Käserei der Molkerei Brüggen. Die Milch wurde zu Butter, Schlagsahne, Trinkmilch, Camembert und Brie verarbeitet, wovon ein erheblicher Teil nach Hannover und Berlin geliefert wurde.

1885 läßt sich der Mühlendirektor der Freiherrlich von Steinbergschen Mühle fotografieren.
Die Tagesleistung der Mühle (Herstellung von Weizen- und Roggenmehlsorten) betrug in den 20er Jahren zwischen 800 und 1000 Zentnern.

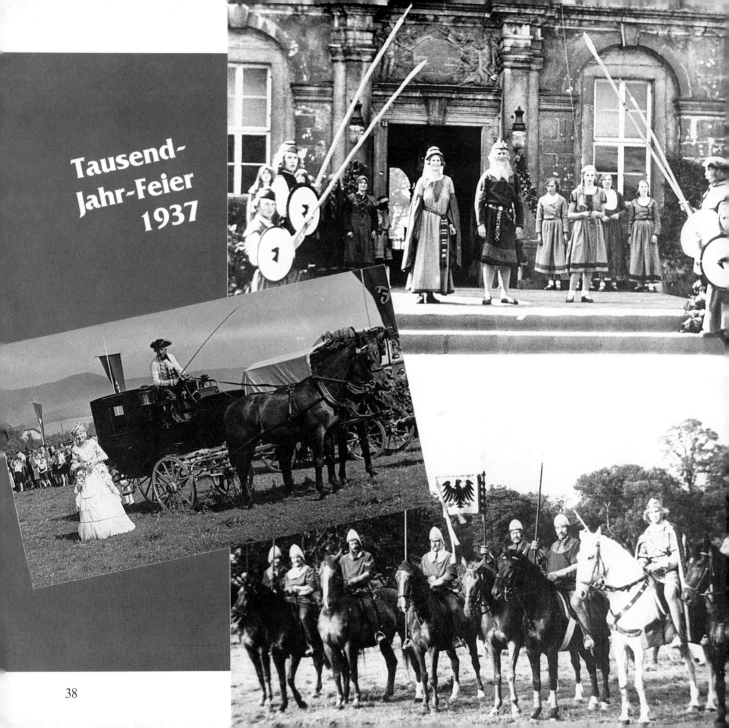

Tausend-Jahr-Feier 1937

Kirche, Glocken, Konfirmationen

Die evangelische Kirche „Maria zu den Sieben Bergen", im Winter 1958/59. Foto: E. A. Tolle.

Der Altarbereich, der inzwischen moderner gestaltet ist.

Am 10. Dezember 1963 werden zwei neue Glocken geliefert, die die Firma Schilling in Heidelberg gegossen hatte. Da nur eine alte Glocke den Zweiten Weltkrieg überdauert hatte, war das Geläut mit 3 Glocken nun wieder komplett.

Konfirmationsjahrgang 1921.

Konfirmationsjahrgang 1957 vor der Schloßkirche.

Konfirmationsjahrgang 1959.

Konfirmationsjahrgang 1969.

Silberne Konfirmation 1978.
Konfirmationsjahrgänge 1952 und 1953.

Vereine und Schulklassen

Brüggener Fußballer, 1919.

Anfang der 60er Jahre trainiert Albert Kreibohm die Handball-Damen des TSV.

Die 1. Jugend des TSV 1968/69.

Der Feuerwehr-Musikzug Mitte der 50er Jahre in Grünenplan.

Alte, junge und mittlere Jahrgänge der Freiwilligen Feuerwehr mit Gemeindebrandmeister Klaus Gottschalk anläßlich des Feuerwehrfestes 1971.

Anfang der 60er Jahre singt der gemischte Chor unter Leitung von Pastor Dr. Drömann vor dem Schloß.

Schulfest unter dem Walde, Mitte der 20er Jahre, mit den Lehrern (von links): Rese, Schünemann und Waßmann. In der Mitte: Handarbeitslehrerin Minna Brünig.

Klassenfoto Mitte der 40er Jahre mit Lehrer Heinrich Waßmann (rechts).

Schüler mit Lehrer Wilhelm Schünemann um 1952.

Ein Klassenfoto um 1954 mit Lehrer Kasparek.

Diese Aufnahme entstand Mitte der 50er Jahre mit Lehrer Pluta.

Schulausflug Anfang der 60er Jahre mit Lehrer A. E. Tolle (rechts).

Besondere Ereignisse

1960 brennt die Scheune von Landwirt Fritz Schwarze.

Zu Abb. auf Seite 56/57:
Jahr für Jahr trat die Leine über die Ufer, hier ein Blick von der Bahnhofskolkbrücke in den 50er Jahren.

Im September 1966 ▷
brennt die Pfarrscheune ab.

Zirkus Willy Hagenbeck hatte ab 1958 sein Winterquartier auf dem Posthof.
Berühmt waren seine Eisbärendressuren.
Ein Bild aus dem Jahr 1960: Hier „tanzt" Schmiedemeister Karl Wendt mit Elefanten.

Willy Hagenbeck in seinem Element. Er war der Sohn von Karl Hagenbeck, Hamburg.

Persönlichkeiten und Originale

Karl Schwerdtfeger, Erster Bürgermeister und Gemeindedirektor (SPD) nach dem Zweiten Weltkrieg, hier mit Familie Anfang der 30er Jahre (vorne links).

Wilhelm Schünemann (stehend) im Kreise seiner Familie sowie Herta Kreibohm mit Tochter Liesel, um 1935. Wilhelm Schünemann wirkte 33 Jahre als Hauptlehrer in Brüggen, war Heimatforscher und organisierte die 1000-Jahr-Feier 1937.

Langjährige Vorsitzende des DRK-Ortsvereins war Baronin Carmen Freifrau von Cramm (rechts), mit Damen vom DRK-Ortsverein. (Aufnahme aus den 50er Jahren.)

„Tennisbaron" Gottfried von Cramm war von 1933 bis 1935 deutscher Tennismeister. Hier: zur 1000-Jahr-Feier 1937 auf dem Festwagen der Sportler stehend mit Blumen im Arm.

*Ernst Binnewies mit Ehefrau Lina.
Er war Maurer, Hausschlachter und
Gemeindebrandmeister in einer Person,
ein Hüne, aber auch riesig humorvoll.*

*Pastor Carl Greiffenhagen wirkte lange Jahre
in Brüggen und gab 1927 die „Geschichte des
Dorfes und Schlosses Brüggen" heraus.*

Feste

*Sängerfest
Anfang der 30er Jahre
am Leeplatz.*

1949 im Saal der Gastwirtschaft Liedtke, ein Foto vom Abschlußball der Tanzschule Wedel, Hildesheim.

Der Gemischte Chor bei einem Umzug in den 50er Jahren.

Beim 1. Feuerwehrfest nach dem Krieg im Juli 1952 wird der Arbeiter-Radfahrverein „Solidarität" an Brünings Mühle fotografiert.

Ende der 50er Jahre: Brüggener Kinder mit ihren geschmückten Rädern und Rollern vor der Gaststätte „Deutsches Haus".

Die Senioren des gemischten Chores werden beim Umzug von Albert Kreibohm gefahren.